Gröls Verlage

„Bücher sind wie Fallschirme. Sie nützen uns nichts, wenn wir sie nicht öffnen."

Gröls Verlag

Redaktionelle Hinweise und Impressum

Das vorliegende Werk wurde zugunsten der Authentizität sehr zurückhaltend bearbeitet. So wurden etwa ursprüngliche Rechtschreibfehler *nicht* systematisch behoben, denn kleine Unvollkommenheiten machen das Buch – wie im Übrigen den Menschen – erst authentisch. Mitunter wurden jedoch zum Beispiel Absätze behutsam neu getrennt, um den Lesefluss zu erleichtern.

Um die Texte zu rekonstruieren, werden antiquarische Bücher von Lesegeräten gescannt und dann durch eine Software lesbar gemacht. Der so entstandene Text wird von Menschen gegengelesen und korrigiert – hierbei treten auch Fehler auf. Wenn Sie ebenfalls antiquarische Texte einreichen möchten, finden Sie weitere Informationen auf www.groels.de

Viel Freude bei der Lektüre wünscht Ihnen das Team des Gröls-Verlags.

Adressen
Verleger: Sophia Gröls, Im Borngrund 26, 61440 Oberursel
Externer Dienstleister für Distribution & Herstellung: BoD, In de Tarpen 42, 22848 Norderstedt

Unsere „Edition | Kleine Klassiker“ versammelt über hundert unbestrittene Klassiker der Weltliteratur in einem ästhetisch anspruchsvollen und handlichen Format.

Die Gröls-Klassiker-Editionen gehören heute mit ungefähr tausend Werken zu den größten Sammlungen klassischer Literatur im deutschen Sprachraum. Wir kultivieren und kuratieren damit einen der wertvollsten Bereiche der abendländischen Kultur. Kleine Auswahl:

Francis Bacon • Neues Organon • **Balzac** • Glanz und Elend der Kurtisanen • **Joachim H. Campe** • Robinson der Jüngere • **Dante Alighieri** • Die Göttliche Komödie • **Daniel Defoe** • Robinson Crusoe • **Charles Dickens** • Oliver Twist • **Denis Diderot** • Jacques der Fatalist • **Fjodor Dostojewski** • Schuld und Sühne • **Arthur Conan Doyle** • Der Hund von Baskerville • **Elisabeth von Österreich** • Das Poetische Tagebuch • **Friedrich Engels** • Die Lage der arbeitenden Klasse • **Ludwig Feuerbach** • Das Wesen des Christentums • **Fitzgerald** • Zärtlich ist die Nacht • **Flaubert** • Madame Bovary • **Theodor Fontane** • Effi Briest • **Robert Musil** • Über die Dummheit • **Edgar Wallace** • Der Frosch mit der Maske • **Jakob Wassermann** • Der Fall Maurizius • **Oscar Wilde** • Das Bildnis des Dorian Gray •

Mark Twain • Huckleberry Finns Abenteuer und Fahrten • **Anton Tschechow** • Die Möwe • **Ludwig Tieck** • Der gestiefelte Kater • **Feuerbach** • Das Wesen des Christentums • **Fitzgerald** • Zärtlich ist die Nacht • **Flaubert** • Madame Bovary • **Theodor Fontane** • Effi Briest • **Robert Musil** • Über die Dummheit • **Edgar Wallace** • Der Frosch mit der Maske • **Jakob Wassermann** • Der Fall Maurizius • **Oscar Wilde** • Das Bildnis des Dorian Grey • **Mark Twain** • Huckleberry Finns Abenteuer und Fahrten • **Anton Tschechow** • Die Möwe • **Ludwig Tieck** • Der gestiefelte Kater • **Jonathan Swift** • Gullivers Reisen • **Robert Louis Stevenson** • Die Schatzinsel • **William Shakespeare** • Othello • **Arthur Schopenhauer** • Die Kunst, Recht zu behalten • **Felix Salten** • Bambi • **Platon** • Der Staat • **Arthur Schnitzler** • Traumnovelle • **Friedrich Schiller** • Wilhelm Tell • **Karl May** • Winnetou • **Franz Kafka** • Der Prozeß • Platon • Verteidigungsrede • **Jules Verne** • Reise nachdem Mittelpunkt der Erde • **Leo Tolstoi** • Auferstehung • **August Strindberg** • Inferno • **Julius Stinde** • Familie Buchholz • **Wilhelm Raabe** • Die schwarze Galeere • **Friedrich Nietzsche** • Götzendämmerung • **Gotthold Ephraim Lessing** • Emilia Galotti *und viele weitere Werke….*

Walter Benjamin

Über Sprache überhaupt und über die Sprache des Menschen

(1916)

Jede Äußerung menschlichen Geisteslebens kann als eine Art der Sprache aufgefaßt werden, und diese Auffassung erschließt nach Art einer wahrhaften Methode überall neue Fragestellungen. Man kann von einer Sprache der Musik und der Plastik reden, von einer Sprache der Justiz, die nichts mit denjenigen, in denen deutsche oder englische Rechtssprüche abgefaßt sind, unmittelbar zu tun hat, von einer Sprache der Technik, die nicht die Fachsprache der Techniker ist. Sprache bedeutet in solchem Zusammenhang das auf Mitteilung geistiger Inhalte gerichtete Prinzip in den betreffenden Gegenständen: in Technik, Kunst, Justiz oder Religion.

Mit einem Wort: jede Mitteilung geistiger Inhalte ist Sprache, wobei die Mitteilung durch das Wort nur ein besonderer Fall, der der menschlichen, und der ihr zugrunde liegenden oder auf ihr fundierten (Justiz, Poesie), ist. Das Dasein der Sprache erstreckt sich aber nicht nur über alle Gebiete menschlicher Geistesäußerung, der in irgendeinem Sinn immer Sprache innewohnt, sondern es erstreckt sich auf schlechthin alles. Es gibt kein Geschehen .oder Ding weder in der belebten noch in der unbelebten Natur, das nicht in gewisser Weise an der Sprache teilhätte, denn es ist jedem wesentlich, seinen Inhalt mitzuteilen. Eine Metapher aber ist das Wort „Sprache“ in solchem Gebrauche durchaus nicht. Denn es ist eine volle inhaltliche Erkenntnis, daß wir uns nichts vorstellen können, das sein geistiges Wesen nicht im Ausdruck mitteilt; der größere oder geringere Bewußtseinsgrad, mit dem solche Mitteilung scheinbar (oder wirklich) verbunden ist, kann daran nichts ändern, daß wir uns völlige Abwesenheit der Sprache in nichts vorstellen können. Ein Dasein, welches ganz ohne Beziehung zur Sprache wäre, ist eine Idee: aber diese

Idee läßt sich auch im Bezirk der Ideen, deren Umkreis diejenige Gottes bezeichnet, nicht fruchtbar machen.

Nur soviel ist richtig, daß in dieser Terminologie jeder Ausdruck, sofern er eine Mitteilung geistiger Inhalte ist, der Sprache beigezählt wird Und allerdings ist der Ausdruck seinem ganzen und innersten Wesen nach nur als Sprache zu verstehen;

andererseits muß man, um ein sprachliches Wesen zu verstehen, immer fragen, für welches geistige Wesen es denn der unmittelbare Ausdruck: sei. Das heißt: die deutsche Sprache z. B. ist keineswegs der Ausdruck für alles, was wir durch sie – vermeintlich – ausdrücken können, sondern sie ist der unmittelbare Ausdruck dessen, was sich in ihr mitteilt. Dieses „Sich“ ist ein geistiges

Wesen. Damit ist es zunächst selbstverständlich, daß das geistige Wesen, das sich in der Sprache mitteilt, nicht die Sprach sondern etwas von ihr zu Unterscheidendes ist. Die Ansicht, daß das geistige Wesen eines Dinges eben in seiner Sprache besteht – diese Ansicht als Hypothesis verstanden, ist der große Abgrund, dem alle Sprachtheorie zu verfallen droht, und über, gerade über ihm sich schwebend zu erhalten ist ihre Aufgabe. Die Unterscheidung zwischen dem geistigen Wesen und dem sprachlichen, in dem es mitteilt, ist die ursprünglichste in einer sprachtheoretischen Untersuchung, und es scheint dieser Unterschied so unzweifelhaft zu sein, daß vielmehr die oft behauptete Identität zwischen dem geistigen und sprachlichen Wesen eine tiefe und unbegreifliche

Paradoxie bildet, deren Ausdruck man in dem Doppelsinn des Wortes *Logos* gefunden hat. Dennoch hat diese Paradoxie als Lösung ihre Stelle im Zentrum der Sprachtheorie, bleibt aber Paradoxie und da unlösbar, wo sie am Anfang steht.

Was teilt die Sprache mit? Sie teilt das ihr entsprechende geistige Wesen mit. Es ist fundamental zu wisse n, daß dieses geistige Wesen sich *in* der

Sprache mitteilt und nicht *durch* die Sprache. Es gibt also keinen Sprecher der Sprachen, wenn man damit den meint, der durch diese Sprachen sich mitteilt. Das geistige Wesen teilt sich in einer Sprache und nicht durch eine Sprache mit – das heißt: es ist nicht von außen gleich dem sprachlichen Wesen: Das geistige Wesen ist mit dem sprachlichen identisch, nur sofern es mitteilbar ist. Was an einem geistigen Wesen mitteilbar ist, das ist sein sprachliches Wesen. Die Sprache teilt also das jeweilige sprachliche Wesen der Dinge mit, ihr geistiges aber nur, sofern es unmittelbar im sprachlichen beschlossen liegt, sofern es mitteilbar ist.

Die Sprache teilt das sprachliche Wesen der Dinge mit. Dessen klarste Erscheinung ist aber die Sprache selbst. Die Antwort auf die Frage: was teilt die Sprache mit? lautet also: *Jede Sprache teilt sich selbst mit*. Die Sprache dieser Lampe z. B. teilt nicht die Lampe mit (denn das geistige Wesen der Lampe, sofern es mitteilbar ist, ist durchaus nicht die Lampe selbst), sondern: die Sprach-Lampe, die Lampe in der Mitteilung, die Lampe im Ausdruck. Denn in der Sprache verhält es sich so: Das sprachliche Wesen der Dinge ist ihre

Sprache. Das Verständnis der Sprachtheorie hängt davon ab, diesen Satz zu einer Klarheit zu bringen, die auch jeden Schein einer Tautologie in ihm vernichtet. Dieser Satz ist untautologisch, denn er bedeutet: das, was an einem geistigen Wesen mitteilbar ist, ist seine Sprache. Auf diesem „ist" (gleich „ist unmittelbar") beruht alles. – Nicht, was an einem geistigen Wesen mitteilbar ist, erscheint am klarsten in seiner Sprache, wie noch eben im Übergange gesagt wurde, sondern dieses Mitteilbare ist unmittelbar die Sprache selbst. Oder: die Sprache eines geistigen Wesens ist unmittelbar dasjenige, was an ihm mitteilbar ist. Was an einem geistigen Wesen mitteilbar ist, in dem teilt es sich mit; das heißt: jede Sprache teilt sich selbst mit. Oder genauer: jede

Sprache teilt sich *in* selbst mit, sie ist im reinsten Sinne das „Medium" der Mitteilung. Das Mediale, das ist die Unmittelbarkeit aller geistigen Mitteilung, ist das Grundproblem der Sprachtheorie, und wenn man diese Unmittelbarkeit magisch nennen will, so ist das Urproblem der Sprache ihre Magie. Zugleich deutet das Wort von der Magie der Sprache auf ein anderes: auf ihre Unendlichkeit. Sie ist durch die Unmittelbarkeit bedingt. Denn gerade, weil durch die Sprache sich nichts mitteilt, kann, was in der Sprache sich mitteilt, nicht von außen beschränkt oder gemessen werden, und darum wohnt jeder Sprache ihre inkommensurable einziggeartete Unendlichkeit inne. Ihr sprachliches Wesen, nicht ihre verbalen Inhalte bezeichnen ihre Grenze.

Das sprachliche Wesen der Dinge ist ihre Sprache; dieser Satz auf den Menschen angewandt besagt: Das sprachliche Wesen des Menschen ist seine Sprache. Das heißt: Der Mensch teilt sein eignes geistiges Wesen in seiner Sprache mit. Die Sprache des Menschen spricht aber in Worten. Der Mensch teilt also sein eignes geistiges Wesen (sofern es mitteilbar ist) mit, indem er alle anderen Dinge benennt. Kennen wir aber noch andere Sprachen, welche die Dinge benennen? Man wende nicht ein, wir kennten keine Sprache außer der des Menschen, das ist unwahr. Nur keine benennende Sprache kennen wir außer der menschlichen; mit einer Identifizierung von benennender Sprache mit Sprache überhaupt beraubt sich die Sprachtheorie der tiefsten Einsichten. – Das sprachliche

Wesen des Menschen ist also, daß er die Dinge benennt.

Wozu benennt? Wem teilt der Mensch sich mit? – Aber ist diese Frage beim Menschen eine andere als bei anderen Mitteilungen (Sprachen)? Wem teilt die Lampe sich mit? Das Gebirge? Der Fuchs? – Hier aber lautet die Antwort: dem Menschen. Das ist kein Anthropomorphismus. Die Wahrheit dieser Antwort erweist sich in der Erkenntnis und vielleicht auch in der Kunst. Zudem: wenn Lampe und Gebirge und der Fuchs sich dem Menschen nicht mitteilen würden, wie sollte er sie dann benennen? Aber er benennt sie; er teilt sich mit, indem er sie benennt. Wem teilt er sich mit?

Ehe diese Frage zu beantworten ist, gilt es noch einmal zu prüfen: Wie teilt der Mensch sich mit? Es ist ein tiefer Unterschied zu machen, eine Alternative zu stellen, vor der mit Sicherheit die wesentlich falsche Meinung von der Sprache sich verrät. Teilt der Mensch sein geistiges Wesen durch die Namen mit, die er den Dingen gibt? Oder in ihnen? In der Paradoxie dieser Fragestellung liegt ihre Beantwortung. Wer da glaubt, der Mensch teile sein geistiges Wesen durch die Namen mit, der kann wiederum nicht annehmen, daß es sein geistiges Wesen sei, das er mitteile, – denn das geschieht nicht durch Namen von Dingen, also durch Worte, durch die er ein Ding bezeichnet. Und er kann wiederum nur annehmen, er teile eine Sache anderen Menschen mit, denn das geschieht durch das Wort, durch das ich ein Ding bezeichne. Diese Ansicht ist die bürgerliche Auffassung der

Sprache, deren Unhaltbarkeit und Leere sich mit steigender Deutlichkeit im folgenden ergeben soll. Sie besagt Das Mittel der Mitteilung ist das Wort, ihr Gegenstand die Sache, ihr Adressat ein Mensch. Dagegen kennt die andere kein Mittel, keinen Gegenstand und keinen Adressaten der Mitteilung. Sie besagt: *im Namen teilt das geistige Wesen des Menschen sich Gott mit.*

Der Name hat im Bereich der Sprache einzig diesen Sinn und diese unvergleichlich hohe Bedeutung: daß er das innerste Wesen der Sprache selbst ist. Der Name ist dasjenige, durch das sich nichts mehr, und in dem die Sprache, selbst und absolut sich mit teilt. Im Namen ist das geistige Wesen, das sich mitteilt, die Sprache. Wo das geistige Wesen in seiner Mitteilung die Sprache selbst in ihrer absoluten Ganzheit ist, da allein gibt es den Namen, und da gibt es den Namen allein. Der Name als Erbteil Menschensprache verbürgt also, daß die Sprache schlechthin das geistige Wesen des Menschen ist; und nur darum ist das geistiges Wesen des Menschen allein unter allen Geisteswesen restlos mitteilbar. Das begründet den Unterschied der Menschensprache von der Sprache der Dinge. Weil das geistige Wesen des Menschen aber die Sprache selbst ist, darum kann er sich nicht durch ; sie, sondern nur in ihr mitteilen. Der Inbegriff dieser Intensiven Totalität der Sprache als des geistigen Wesens des Menschen ist er Mensch ist der Nennende daran erkennen wir, daß aus ihm die reine Sprache spricht. Alle Natur, sofern' 7 sie sich mitteilt, teilt sich in der Sprachc mit, also letzten

Endes im Menschen. Darum ist er der Herr der Natur und kann die Dinge benennen. Nur durch das sprachliche Wesen der Dinge gelangt er aus sich selbst zu deren Erkenntnis – im Namen.

Gottes Schöpfung vollendet sich, indem die Dinge ihren Namen vom Menschen erhalten, aus dem im Namen die Sprache allein spricht. Man kann den Namen als die Sprache der Sprache bezeichnen (wenn der Genitiv nicht das Verhältnis des Mittels, sondern des Mediums bezeichnet) und in diesem Sinne ist allerdings, weil er im Namen spricht, der Mensch der Sprecher der Sprache, eben darum auch ihr einziger. In der Bezeichnung des Menschen als des Sprechenden (das ist aber z. B. nach der Bibel offenbar der Namen-Gebende: „wie der Mensch allerlei lebendige Tiere nennen würde, so sollten sie heißen") schließen viele Sprachen diese metaphysische Erkenntnis ein.

Der Name st aber nicht allein der letzte Ausruf, er ist auch der eigentliche Anruf der Sprache. Damit erscheint im Namen das Wesensgesetz der Sprache, nach dem sich selbst aussprechen und alles andere ansprechen dasselbe ist. Die

Sprache – und in ihr ein geistiges Wesen – spricht sich nur da rein aus, wo sie im Namen spricht, das heißt: in der universellen Benennung. So gipfeln im Namen die intensive Totalität der Sprache als des absolut mitteilbaren geistigen Wesens und die extensive Totalität der Sprache als des universell mitteilenden (benennenden) Wesens. Die Sprache ist ihrem mitteilenden Wesen, ihrer

Universalität nach, da unvollkommen, wo das geistige Wesen, das aus ihr spricht, nicht in seiner ganzen Struktur sprachliches, das heißt mitteilbares ist. *Der Mensch allein hat die nach Universalität und Intensität vollkommene Sprache.*

Angesichts dieser Erkenntnis ist nun ohne Gefahr der Verwirrung eine Frage möglich, die zwar von höchster metaphysischer Wichtigkeit ist, aber an dieser Stelle in aller Klarheit zunächst als eine terminologische vorgebracht werden kann. Ob nämlich das geistige Wesen – nicht nur des Menschen (denn das ist notwendig) – sondern auch der Dinge und somit geistiges Wesen überhaupt in sprachtheoretischer Hinsicht als sprachliches zu bezeichnen ist. Wenn das geistige Wesen mit dem sprachlichen identisch ist, so ist das

Ding seinem geistigen Wesen nach Medium der Mitteilung, und was sich in ihm mitteilt, ist – gemäß dem medialen Verhältnis – eben dies Medium (die Sprache) selbst. Sprache ist dann das geistige Wesen der Dinge. Es wird das geistige Wesen also von vornherein als mitteilbar gesetzt, oder vielmehr gerade in die Mitteilbarkeit gesetzt, und die Thesis: das sprachliche Wesen der Dinge ist mit ihrem geistigen, sofern letzteres mitteilbar ist, identisch, wird in ihrem „sofern" zu einer Tautologie. Einen Inhalt der Sprache gibt es nicht; als Mitteilung teilt die Sprache ein geistiges Wesen, d. i. eine Mitteilbarkeit schlechthin mit. Die Unterschiede der Sprachen sind solche von Medien, die sich gleichsam nach ihrer Dichte, also graduell, unterscheiden; und das in der zwiefachen Hinsicht nach der Dichte des Mitteilenden (Benennenden) und des Mitteilbaren (Namen) in der Mitteilung. Diese beiden Sphären, die rein geschieden und doch vereinigt nur in der Namensprache des Menschen, entsprechen sich natürlich ständig.

Für die Metaphysik der Sprache ergibt die Gleichsetzung des geistigen mit dem sprachlichen Wesen, welches nur graduelle Unterschiede kennt, eine Abstufung allen geistigen Seins in Gradstufen. Diese Abstufung, die im Inneren des geistigen Wesens selbst stattfindet, läßt sich unter keine obere Kategorie mehr fassen, sie führt daher auf die Abstufung aller geistigen wie sprachlichen Wesen nach Existenzgraden oder nach Seinsgraden, wie sie bezüglich der geistigen schon dic Scholastik gewohnt war. Die Gleichsetzung des geistigen mit dem sprachlichen Wesen ist aber in sprachtheoretischer Hinsicht von so großer metaphysischer Tragweite, weil sie auf denjenigen Begriff hinführt, der sich immer wieder wie von selbst im Zentrum der Sprachphilosophie erhoben hat und ihre innigste Verbindung mit der Religionsphilosophie ausgemacht hat.

Das ist der Begriff der Offenbarung. – Innerhalb aller sprachlichen Gestaltung waltet der Widerstreit des Ausgesprochenen und Aussprechlichen mit dem Unaussprechlichen und Unausgesprochenen. In der Betrachtung dieses Widerstreites sieht man in der Perspektive des Unaussprechlichen zugleich das letzte geistige Wesen. Nun ist es klar, daß in der Gleichsetzung des geistigen mit dem sprachlichen Wesen dieses Verhältnis der umgekehrten Proportionalität zwischen beiden bestritten wird. Denn hier lautet die Thesis: je tiefer, d. h. je existenter und wirklicher der Geist, desto aussprechlicher und ausgesprochener, wie es denn eben im Sinne dieser Gleichsetzung liegt, die Beziehung zwischen Geist, und

Sprache zur schlechthin eindeutigen zu machen, so daß der sprachlich existentester. d. h. fixierteste Ausdruck, das sprachlich Prägnanteste und Unverrückbarste, mit einem Wort: das Ausgesprochenste zugleich das reine Geistige ist. Genau das meint aber der Begriff der Offenbarung, wenn er die Unantastbarkeit des Wortes für die einzige und hinreichende Bedingung und Kennzeichnung der Göttlichkeit des geistigen Wesens, das sich in ihm ausspricht, nimmt. Das höchste Geistesgebiet der Religion ist (im Begriff der Offenbarung) zugleich das einzige, welches das Unaussprechliche nicht kennt. Denn es wird angesprochen im Namen und spricht sich aus als Offenbarung. Hierin aber kündigt sich an, daß allein das höchste geistige Wesen, wie es in der Religion erscheint, rein auf dem Menschen und der Sprache in ihm beruht, während alle Kunst, die Poesie nicht ausgenommen, nicht auf dem allerletzten Inbegriff des Sprachgeistes, sondern auf dinglichem Sprachgeist, wenn auch in seiner vollendeten Schönheit, beruht. „Sprache, die Mutter der Vernunft und Offenbarung, ihr A und Ω“, sagt Hamann.

Die Sprache selbst ist in den Dingen selbst nicht vollkommen ausgesprochen. Dieser Satz hat einen doppelten Sinn nach der übertragenen und der sinnlichen Bedeutung: Die Sprachen der Dinge sind unvollkommen, und sie sind stumm. Den Dingen ist das reine sprachliche Formprinzip – der Laut – versagt. Sie können sich nur durch eine mehr oder minder stoffliche

Gemeinschaft einander mitteilen. Diese Gemeinschaft ist unmittelbar und unendlich wie die jeder sprachlichen Mitteilung; sie ist magisch (denn es gibt auch Magie der Materie). Das Unvergleichliche der menschlichen Sprache ist, daß ihre magische Gemeinschaft mit den Dingen immateriell und rein geistig ist, und dafür ist der Laut das Symbol. Dieses symbolische Faktum spricht die Bibel aus, indem sie sagt, daß Gott dem Menschen den Odem einblies: das ist zugleich Leben und Geist und Sprache. – ('Wenn Wenn im folgenden das Wesen der Sprache auf Grund der ersten Genesiskapitel betrachtet wird, so soll damit weder Bibelinterpretation als Zweck verfolgt noch auch die Bibel an dieser Stelle objektiv als offenbarte Wahrheit dem Nachdenken zugrunde gelegt werden, sondern das, was aus dem Bibeltext in Ansehung der Natur der Sprache selbst sich ergibt, soll aufgefunden werden; und die Bibel ist zunächst in dieser Absicht nur darum unersetzlich, weil diese Ausführungen im Prinzipiellen ihr darin folgen, daß in ihnen die Sprache als eine letzte, nur in ihrer Entfaltung zu betrachtende, unerklärliche und mystische Wirklichkeit vorausgesetzt wird. Die Bibel, indem sie sich selbst als Offenbarung betrachtet, muß notwendig die sprachlichen Grundtatsachen entwickeln. – Die zweite Fassung der Schöpfungsgeschichte, die vom Einblasen des Odems erzählt, berichtet zugleich, der Mensch sei aus Erde gemacht worden. Dies ist in der ganzen Schöpfungsgeschichte die einzige Stelle, an der von einem

Material des Schöpfers die Rede ist, in welchem dieser seinen Willen, der sonst doch wohl unmittelbar schaffend gedacht ist, ausdrückt. Es ist in dieser zweiten Schöpfungsgeschichte die Erschaffung des Menschen nicht durch das Wort geschehen: Gott sprach – und es geschah –, sondern diesem nicht aus dem Worte geschaffenen Menschen wird nun die

Gabe der Sprache beigelegt, und er wird über die Natur erhoben.

Diese eigentümliche Revolution des Schöpfungsaktes, wo er sich auf den Menschen richtet, ist aber nicht minder deutlich in der ersten Schöpfungsgeschichte niedergelegt, und in einem ganz anderen Zusammenhange verbürgt er mit gleicher Bestimmtheit den besonderen Zusammenhang zwischen Mensch und Sprache aus dem Akte der Schöpfung heraus. Die mannigfache Rhythmik der Schöpfungsakte des ersten Kapitels läßt doch eine Art Grundform zu, von der allein der den Menschen erschaffende Akt bedeutsam abweicht. Zwar handelt es sich hier nirgends weder bei Mensch noch Natur um eine ausdrückliche Beziehung auf das Material, aus dem sie geschaffen wurden; und ob jeweils in den Worten: „er machte“ an ein Schaffen aus Materie etwa gedacht ist, muß hier dahingestellt bleiben. Aber die Rhythmik, nach der sich die Schöpfung der Natur (nach Genesis 1) vollzieht, ist: Es werde – Er machte (schuf) – Er nannte. – In einzelnen Schöpfungsakten (Genesis 1,3; 1,14) tritt allein das „Es werde“ auf. In diesem „Es werde“ und in dem „Er nannte“ am Anfang und Ende der Akte erscheint jedesmal die tiefe deutliche Beziehung des Schöpfungsaktes auf die Sprache. Mit der schaffenden Allmacht der Sprache setzt er ein, und am Schluß einverleibt sich gleichsam die Sprache das Geschaffene, sie benennt es. Sie ist also das Schaffende, und das Vollendende, sie ist Wort und Name. In Gott ist der Name schöpferisch, weil er Wort ist, und Gottes Wort ist er kennen , weil es Name ist. „Und er sah, daß es gut war“, das ist: er hatte es erkannt durch den Namen. Das absolute Verhältnis des Namens zur Erkenntnis besteht allein in Gott, nur dort ist der Name, weil er im innersten mit dem schaffenden Wort identisch ist, das reine Medium der Erkenntnis. Das heißt: Gott machte die Dinge in ihren Namen erkennbar.

Der Mensch aber benennt sie maßen der Erkenntnis.

In der Schöpfung es Menschen ist die dreifache Rhythmik der Naturschöpfung einer ganz anderen Ordnung gewichen. In ihr hat also die Sprache eine andere Bedeutung; die Dreiheit des Aktes ist auch hier erhalten, aber um so mächtiger bekundet sich eben im Parallelismus der Abstand: in dem dreifachen: „Er schuf" des Verses 1,27. Gott hat den Menschen nicht aus dem Wort geschaffen, und er hat ihn nicht benannt. Er wollte ihn nicht der Sprache unterstellen, sondern im Menschen entließ Gott die Sprache, die ihm als Medium der Schöpfung gedient hatte, frei aus sich. Gott ruhte, als er im Menschen sein Schöpferisches sich selbst überließ. Dieses Schöpferische, seiner göttlichen Aktualität entledigt, wurde Erkenntnis. Der Mensch ist der Erkennende derselben Sprache, in der Gott Schöpfer ist. Gott schuf ihn sich zum Bilde, er schuf den Erkennenden zum Bilde des Schaffenden. Daher bedarf der Satz: Das geistige Wesen des Manschen ist die Sprache, der Erklärung. Sein geistiges Wesen ist die Sprache, in der geschaffen wurde. Im Wort wurde geschaffen, und

Gottes sprachliches Wesen ist das Wort. Alle menschliche Sprache ist nur Reflex des Wortes im Namen. Der Name erreicht so wenig das Wort wie die Erkenntnis die Schaffung. Die Unendlichkeit aller menschlichen Sprache bleibt immer eingeschränkten und analytischen Wesens im Vergleich mit der absoluten uneingeschränkten und schaffenden Unendlichkeit des Gotteswortes.

Das tiefste Abbild dieses göttlichen Wortes und der Punkt, an dem die Menschensprache den innigsten Anteil an der göttlichen Unendlichkeit des bloßen Wortes erlangt, der Punkt, an dem sie nicht endliches Wort und Erkenntnis nicht werden kann: das ist der menschliche Namen. Die Theorie des Eigennamens ist die Theorie von der Grenze der endlichen gegen die unendliche Sprache. Von allen Wesen ist der Mensch das einzige, das seinesgleichen selbst benennt, wie es denn das einzige ist, das Gott nicht benannt hat. Vielleicht ist es kühn, aber kaum unmöglich, den Vers 2,20 in seinem zweiten Teile in diesem Zusammenhang zu nennen: daß der Mensch alle Wesen benannte, „aber für den Menschen ward keine Gehilfin gefunden, die um ihn wäre". Wie denn auch Adam sein Weib, alsobald er es bekommen hat, benennt. (Männin im zweiten Kapitel, Heva im dritten.) Mit der Gebung des Namens weihen die Eltern ihre Kinder Gott; dem Namen, den sie hier geben, entspricht – metaphysisch, nicht etymologisch verstanden – keine Erkenntnis, wie sie die Kinder ja auch neugeboren benennen. Es sollte im strengen Geist auch kein Mensch dem Namen (nach seiner etymologischen Bedeutung) entsprechen, denn der Eigenname ist Wort Gottes in menschlichen Lauten. Mit ihm wird jedem Menschen seine Erschaffung durch Gott verbürgt, und in diesem Sinne ist er selbst schaffend, wie die mythologische Weisheit es in der Anschauung ausspricht (die sich wohl nicht selten findet), daß sein Name des Menschen Schicksal sei. Der Eigenname ist die Gemeinschaft des Menschen mit dem schöpferischen Wort Gottes. (Es ist dies nicht die einzige, und der Mensch kennt noch eine andere Sprachgemeinschaft mit Gottes Wort.) Durch das Wort ist der Mensch mit der Sprache der Dinge verbunden. Das menschliche Wort ist der Name der Dinge. Damit kann die verbunden. Das nicht mehr aufkommen, die der bürgerlichen Ansicht der Sprache entspricht, daß das Wort zur Sache sich zufällig verhalte, daß es ein durch irgendwelche Konvention gesetztes Zeichen der Dinge (oder ihrer Erkenntnis) sei. Die Sprache gibt niemals bloße Zeichen. Mißverständlich ist aber auch die Ablehnung der bürgerlichen durch die mystische Sprachtheorie. Nach ihr nämlich ist das Wort schlechthin das Wesen der Sache. Das ist unrichtig, weil die Sache an sich kein Wort hat, geschaffen ist sie aus Gottes Wort und erkannt in ihrem Namen nach dem Menschenwort. Diese Erkenntnis der Sache ist aber nicht spontane Schöpfung, sie geschieht nicht aus der Sprache absolut uneingeschränkt und unendlich wie diese; sondern es beruht der Name, den der Mensch der Sache gibt, darauf, wie sie ihm sich mitteilt. Im Namen ist das Wort Gottes nicht schaffend geblieben, es ist an einem Teil empfangend, wenn auch sprachempfangend, geworden. Auf die Sprache der Dinge selbst; aus denen wiederum lautlos und in der stummen Magie der Natur das Wort Gottes hervorstrahlt, ist diese Empfängnis gerichtet.

Für Empfängnis und Spontaneität zugleich, wie sie sich in dieser Einzigartigkeit der Bindung nur im sprachlichen Bereich finden, hat aber die Sprache ihr eigenes Wort, und dieses Wort gilt auch von jener Empfängnis des Namenlosen im Namen. Es ist die Übersetzung der Sprache der Dinge in die des Menschen. Es ist notwendig, den Begriff der Übersetzung in der tiefsten

Schicht der Sprachtheorie zu begründen, denn er ist viel zu weittragend und gewaltig, um in irgendeiner Hinsicht nachträglich, wie bisweilen gemeint wird, abgehandelt werden zu können. Seine volle Bedeutung gewinnt er in der Einsicht, daß jede höhere Sprache (mit Ausnahme des Wortes Gottes) als Übersetzung aller anderen betrachtet werden kann. Mit dem erwähnten Verhältnis der Sprachen als dem von Medien verschiedener Dichte ist die Übersetzbarkeit der Sprachen ineinander gegeben. Die Übersetzung ist die Überführung der einen Sprache in die andere durch ein Kontinuum von Verwandlungen. Kontinua der Verwandlung, nicht abstrakte Gleichheits- und Ähnlichkeitsbezirke durchmißt die Übersetzung.

Die Übersetzung der Sprache der Dinge in die des Menschen ist nicht nur Übersetzung des Stummen in das Lauthafte, sie ist die Übersetzung des Namenlosen in den Namen Das ist also die Übersetzung einer unvollkommenen Sprache in eine vollkommenere, sie kann nicht anders als etwas dazu tun, nämlich die Erkenntnis. Die Objektivität dieser Übersetzung ist aber in Gott verbürgt.

Denn Gott hat die Dinge geschaffen, das schaffende Wort in ihnen ist der Keim des erkennenden Namens, wie Gott auch am Ende jedes Ding benannte, nachdem es geschaffen war. Aber offenbar ist diese Benennung nur der Ausdruck der Identität des schaffenden Wortes und des erkennenden Namens in Gott, nicht die vorhergenommene Lösung jener Aufgabe, die Gott ausdrücklich dem Menschen selbst zuschreibt: nämlich die Dinge zu benennen. Indem er die stumme namenlose Sprache der Dinge empfängt und sie in den Namen in Lauten überträgt, löst der Mensch diese Aufgabe. Unlösbar wäre sie, wäre nicht die Namensprache des Menschen und die namenlose der Dinge in Gott verwandt, entlassen aus demselben schaffenden Wort, das in den Dingen

Mitteilung der Materie in magischer Gemeinschaft, im Menschen Sprache des Erkennens und Namens in seligem Geiste geworden wäre. Hamann sagt: „Alles, was der Mensch am Anfange hörte, mit Augen sah … und seine Hände betasteten, war … lebendiges Wort; denn Gott war das Wort. Mit diesem Worte im Mund und im Herzen war der Ursprung der Sprache so natürlich, so nahe und leicht, wie ein Kinderspiel ... „. Der Maler Müller in seiner Dichtung „Adams erstes Erwachen und erste selige Nächte“ läßt Gott mit diesen Worten den Menschen zur Namengebung aufrufen: „Mann von Erde, tritt nahe, am Anschauen werde vollkommner, vollkommner werde durchs Wort!“ In dieser Verbindung von Anschauung und Benennung ist innerlich die mitteilende Stummheit der Dinge (der Tiere) auf die Wortsprache des Menschen zu gemeint, die sie im Namen aufnimmt. In demselben Kapitel der Dichtung spricht aus dem Dichter die Erkenntnis, daß nur das Wort, aus dem die Dinge geschaffen sind, ihre Benennung dem Menschen erlaubt, indem es sich in den mannigfachen Sprachen der Tiere, wenn auch stumm, mitteilt in dem Bild: Gott gibt den Tieren der Reihe nach ein Zeichen, auf das hin sie vor den Menschen zur Benennung treten. Auf eine fast sublime Weise ist so die Sprachgemeinschaft der stummen Schöpfung mit Gott im Bilde des Zeichens gegeben.

Wie das stumme Wort im Dasein der Dinge so unendlich weit unter dem benennenden Wort in der Erkenntnis des Menschen zurückbleibt, wie wiederum dieses wohl unter dem schaffenden Wort Gottes, so ist der Grund für die Vielheit menschlicher Sprachen gegeben. Die Sprache der Dinge kann in die Sprache der Erkenntnis und des Namens nur in der Übersetzung eingehen – soviel Übersetzungen, soviel Sprachen, sobald nämlich der Mensch einmal aus dem paradiesischen Zustand, der nur eine

Sprache kannte, gefallen ist. (Nach der Bibel stellt diese Folge der Austreibung aus dem Paradiese allerdings erst später sich ein.) Die paradiesische Sprache des Menschen muß die vollkommen erkennende gewesen sein; während später noch einmal alle Erkenntnis in der Mannigfaltigkeit der Sprache sich unendlich differenziert, auf einer niederen Stufe als Schöpfung im

Namen überhaupt sich differenzieren mußte. Daß nämlich die Sprache des Paradieses vollkommen erkennend gewesen sei, vermag auch das Dasein des Baumes der Erkenntnis nicht zu verhehlen. Seine Äpfel sollten die Erkenntnis verleihen, was gut und böse sei. Gott aber hatte schon am siebenten Tage mit den Worten der Schöpfung erkannt. Und siehe, es war sehr gut. Die Erkenntnis, zu der die

Schlange verführt, das Wissen, was gut sei und böse, ist namenlos. Es ist im tiefsten Sinne nichtig, und dieses Wissen eben selbst das einzige Böse, das der paradiesische Zustand kennt. Das Wissen um gut und böse verläßt den Namen, es ist eine Erkenntnis von außen, die unschöpferische Nachahmung des schaffenden Wortes. Der Name tritt aus sich selbst in dieser Erkenntnis heraus: Der

Sündenfall ist die Geburtsstunde des menschlichen Wortes, in dem der Name nicht mehr unverletzt lebte, das aus der Namensprache, der erkennenden, man darf sagen: der immanenten eigenen Magie heraustrat, um ausdrücklich, von außen gleichsam, magisch zu werden. Das Wort soll etwas mitteilen (außer sich selbst). Das ist wirklich der Sündenfall des Sprachgeistes. Das

Wort als äußerlich mitteilendes, gleichsam eine Parodie des ausdrücklich mittelbaren Wortes auf das ausdrücklich unmittelbare, das schaffende Gotteswort, und der Verfall des seligen Sprachgeistes, des adamitischen, der zwischen ihnen steht. Es besteht nämlich in der Tat zwischen dem Worte, welches nach der Verheißung der Schlange das Gute und Böse erkennt, und zwischen dem äußerlich mitteilenden Worte im Grunde Identität. Die Erkenntnis der Dinge beruht im Namen, die des Guten und Bösen ist aber in dem tiefen Sinne, in dem Kierkegaard dieses Wort faßt, „Geschwätz“ und kennt nur eine Reinigung und Erhöhung, unter die denn auch der geschwätzige Mensch, der Sündige, gestellt wurde: das Gericht. Dem richtenden Wort ist allerdings die

Erkenntnis von gut und böse unmittelbar. Seine Magie ist eine andere als die des Namens, aber gleich sehr Magie. Dieses richtende Wort verstößt die ersten Menschen aus dem Paradies; sie selbst haben es exzitiert, zufolge einem ewigen Gesetz, nach welchem dieses richtende Wort die Erweckung seiner selbst als die einzige, tiefste Schuld bestraft – und erwartet. Im

Sündenfall, da die ewige Reinheit des Namens angetastet wurde, erhob sich die strengere Reinheit des richtenden Wortes, des Urteils. Für den Wesenszusammenhang der Sprache hat der Sündenfall eine dreifache Bedeutung (ohne seine sonstige hier zu erwähnen). Indem der Mensch aus der reinen Sprache des Namens heraustritt, macht er die Sprache zum Mittel (nämlich einer ihm unangemessenen Erkenntnis), damit auch an einem Teile jedenfalls zum bloßen Zeichen; und das hat später die Mehrheit der Sprachen zur Folge. Die zweite Bedeutung ist, daß nun aus dem Sündenfall als die Restitution der in ihm verletzten Unmittelbarkeit des Namens eine neue, die Magie des Urteils, sich erhebt, die nicht mehr selig in sich selbst ruht. Die dritte Bedeutung, deren Vermutung sich vielleicht wagen läßt, wäre, daß auch der Ursprung der Abstraktion als eines Vermögens des Sprachgeistes im Sündenfall zu suchen sei. Gut und böse nämlich stehen als unbenennbar, als namenlos außerhalb der Namensprache, die der Mensch eben im Abgrund dieser Fragestellung verläßt. Der Name bietet nun aber im Hinblick auf die bestehende Sprache nur den Grund, in dem ihre konkreten Elemente wurzeln. Die abstrakten Sprachelemente aber – so darf vielleicht vermutet werden – wurzeln im richtenden Worte, im Urteil. Die Unmittelbarkeit (das ist aber die sprachliche Wurzel) der Mitteilbarkeit der Abstraktion ist im richterlichen Urteil gelegen. Diese Unmittelbarkeit „in der Mitteilung der Abstraktion stellte sich richtend ein, als im Sündenfall der Mensch die Unmittelbarkeit in der Mitteilung des Konkreten, den Namen, verließ und in den Abgrund der Mittelbarkeit aller Mitteilung, des Wortes als Mittel, des eitlen Wortes verfiel, in den Abgrund des Geschwätzes. Denn – noch einmal soll das gesagt werden – Geschwätz war die Frage nach dem Gut und Böse in der Welt nach der Schöpfung. Der Baum der Erkenntnis stand nicht wegen der Aufschlüsse über Gut und Böse, die er zu geben vermocht hätte, im Garten Gottes, sondern als Wahrzeichen des Gerichts über den Fragenden. Diese ungeheure Ironie ist das Kennzeichen des mythischen Ursprungs des Rechtes.

Nach dem Sündenfall, der in der Mittelbarmachung der Sprache den Grund zu ihrer Vielheit gelegt hatte, konnte es bis zur Sprachverwirrung nur noch ein Schritt sein. Da die Menschen die Reinheit des Namens verletzt hatten, brauchte nur noch die Abkehr von jenem Anschauen der Dinge, in dem deren Sprache dem Menschen eingeht, sich zu vollziehen, um die gemeinsame Grundlage des schon erschütterten Sprachgeistes den Menschen zu rauben. Zeichen müssen sich verwirren, wo sich die Dinge verwickeln. Zur Verknechtung der Sprache im Geschwätz tritt die Verknechtung der Dinge in der Narretei fast als deren unausbleibliche Folge. In dieser Abkehr von den Dingen, die die Verknechtung war, entstand der Plan des Turmbaus und die Sprachverwirrung mit ihm.

Das Leben des Menschen im reinen Sprachgeist war selig. Die Natur aber ist stumm. Es ist zwar im zweiten

Kapitel der Genesis deutlich zu fühlen, wie diese vom Menschen benannte Stummheit selbst Seligkeit nur niederen Grades geworden ist. Der Maler Müller läßt Adam von den Tieren, die ihn verlassen, nachdem er sie benannt hat, sagen: „und sah an den Adel, wie sie von mir wegsprangen, darum daß ihnen der Mann einen Namen gab." Nach dem Sündenfall aber ändert sich mit

Gottes Wort, das den Acker verflucht, das Ansehen der Natur im tiefsten. Nun beginnt ihre andere Stummheit, die wir mit der tiefen Traurigkeit der Natur meinen. Es ist eine metaphysische Wahrheit, daß alle Natur zu klagen begönne, wenn Sprache ihr verliehen würde. (Wobei „Sprache verleihen" allerdings mehr ist als „machen, daß sie sprechen kann".) Dieser Satz hat einen doppelten Sinn. Er bedeutet zuerst: sie würde über die Sprache selbst klagen. Sprachlosigkeit: das ist das große Leid der Natur (und um ihrer Erlösung willen ist Leben und Sprache des Menschen in der Natur, nicht allein, wie man vermutet, des Dichters). Zweitens sagt dieser Satz: sie würde klagen. Die Klage ist aber der undifferenzierteste, ohnmächtige Ausdruck der Sprache, sie enthält fast nur den sinnlichen Hauch; und wo auch nur Pflanzen rauschen, klingt immer eine Klage mit. Weil sie stumm ist, trauert die Natur. Doch noch tiefer führt in das Wesen der Natur die Umkehrung dieses Satzes ein: die Traurigkeit der Natur macht sie verstummen. Es ist in aller Trauer der tiefste Hang zur Sprachlosigkeit, und das ist unendlich viel mehr als Unfähigkeit oder Unlust zur

Mitteilung. Das Traurige fühlt sich so durch und durch erkannt vom Unerkennbaren. Benannt zu sein – selbst wenn der Nennende ein Göttergleicher und Seliger ist – bleibt vielleicht immer eine Ahnung von Trauer. Wieviel mehr aber benannt zu sein, nicht aus der einen seligen Paradiesessprache der Namen, sondern aus den hunderten Menschensprachen, in denen der

Namen schon welkte, und die dennoch nach Gottes Spruch die Dinge erkennen. Die Dinge haben keine Eigennamen außer in Gott. Denn Gott rief im schaffenden Wort freilich bei ihren Eigennamen sie hervor-, In der Sprache der Menschen aber sind sie überbenannt. Im Verhältnis der Menschensprachen zu der der Dinge liegt etwas, was man als „Überbenennung“ annähernd bezeichnen kann: Überbenennung als tiefster sprachlicher Grund aller Traurigkeit und (vom Ding aus betrachtet) allen Verstummens. Die Überbenennung als sprachliches Wesen des Traurigen deutet auf ein anderes merkwürdiges Verhältnis der Sprache: auf die Überbestimmtheit, die im tragischen Verhältnis zwischen den Sprachen der sprechenden Menschen waltet.

Es gibt eine Sprache der Plastik, der Malerei, der Poesie. So wie die Sprache der Poesie in der Namensprache des Menschen, wenn nicht allein, so doch jedenfalls mit fundiert ist, ebenso ist es sehr wohl denkbar, daß die Sprache der Plastik oder Malerei etwa in gewissen Arten von Dingsprachen fundiert sei, daß in ihnen eine Obersetzung der Sprache der Dinge in eine unendlich viel höhere Sprache, aber doch vielleicht derselben Sphäre, vorliegt. Es handelt sich hier um namenlose, unakustische Sprachen, um Sprachen aus dem Material; dabei ist an die materiale Gemeinsamkeit der Dinge in ihrer Mitteilung zu denken.

Übrigens ist die Mitteilung der Dinge gewiß von einer solchen Art von Gemeinschaftlichkeit, daß sie die

Welt überhaupt als ein ungeschiedenes Ganzes befaßt.

Für die Erkenntnis der Kunstformen gilt der Versuch, sie alle als Sprachen aufzufassen und ihren Zusammenhang mit Natursprachen zu suchen. Ein Beispiel, das naheliegt, weil es der akustischen Sphäre angehört, ist die Verwandtschaft des Gesanges mit der Sprache der Vögel. Andererseits ist gewiß, daß die

Sprache der Kunst sich nur in tiefster Beziehung zur Lehre von den Zeichen verstehen läßt. Ohne diese bleibt überhaupt jede Sprachphilosophie gänzlich fragmentarisch, weil die Beziehung zwischen Sprache und Zeichen (wofür die zwischen Menschensprache und Schrift nur ein ganz besonderes Beispiel bildet) ursprünglich und fundamental ist.

Dies gibt Gelegenheit, einen anderen Gegensatz zu bezeichnen, der das gesamte Gebiet der Sprache durchwaltet und wichtige Beziehungen zu dem erwähnten von Sprache in engerem Sinne und Zeichen hat, die doch durchaus nicht ohne weiteres mit diesem zusammenfällt. Es ist nämlich Sprache in jedem Falle nicht allein Mitteilung des Mitteilbaren, sondern zugleich Symbol des Nicht-Mitteilbaren. Diese symbolische Seite der Sprache hängt mit ihrer Beziehung zum Zeichen zusammen, aber erstreckt sich zum Beispiel in gewisser Beziehung auch über Name und Urteil. Diese haben nicht allein eine mitteilende, sondern höchstwahrscheinlich auch eine mit ihr eng verbundene symbolische

Funktion, auf die hier ausdrücklich wenigstens nicht hingewiesen wurde.

Demnach bleibt nach diesen Erwägungen ein gereinigter Begriff von Sprache zurück, wenn der auch noch unvollkommen sein mag. Die Sprache eines Wesens ist das Medium, in dem sich sein geistiges Wesen mitteilt. Der ununterbrochene Strom dieser Mitteilung fließt durch die ganze Natur vom niedersten

Existierenden bis zum Menschen und vom Menschen zu Gott. Der Mensch teilt sich Gott durch den Namen mit, den er der Natur und seinesgleichen (im Eigennamen) gibt, und der Natur gibt er den Namen nach der Mitteilung, die er von ihr empfängt, denn auch die ganze Natur ist von einer namenlosen stummen Sprache durchzogen, dem Residuum des schaffenden Gotteswortes, welches im

Menschen als erkennender Name und über dem Menschen als richtendes Urteil schwebend sich erhalten hat. Die Sprache der Natur ist einer geheimen Losung zu vergleichen, die jeder Posten dem nächsten in seiner eigenen Sprache weitergibt, der Inhalt der Losung aber ist die Sprache des Postens selbst. Alle höhere Sprache ist Übersetzung der niederen, bis in der letzten Klarheit sich das Wort Gottes entfaltet, das die Einheit dieser Sprachbewegung ist.